PÈLERINAGE

A

VERSAILLES ET TRIANON

24 VUES PHOTOGRAPHIQUES

PAR

MALET ET LEVASSEUR

Texte en vers, par Mme Louise Colet

VERSAILLES
MALET ET LEVASSEUR, PHOTOGRAPHES
RUE DE LA PAROISSE, 39

2^e Livraison

PÈLERINAGE

A

VERSAILLES ET TRIANON

24 VUES PHOTOGRAPHIQUES

PAR

MALET ET LEVASSEUR

Texte en vers, par Mme Louise Colet

PROSPECTUS

Les monuments survivent aux institutions qui les ont fondés ; les temples mêmes sont plus durables que les religions auxquelles ils furent consacrés ; mais ils gardent d'elles un prestige et des souvenirs qui, à leur tour, animent et repeuplent leur enceinte déserte. C'est ainsi que dans les temples vides de Pœstum le voyageur se souvient du culte des dieux disparus et croit voir encore, lorsque le jour meurt, les blanches théories des fêtes païennes se dérouler au bord de la mer sur le fond du ciel empourpré. A Rome, la ruine colossale du palais des Césars impose par sa grandeur matérielle, mais surtout par les ombres mémorables qui errent dans ses murs tombés. En les parcourant, on sent se dresser à

1861

chaque pas toutes les imposantes figures de l'histoire romaine : histoire de vertus, de splendeur, de crimes, de gloire, puis de décadence. Tant qu'une pierre restera debout de ces immenses décombres, on viendra s'asseoir là pour y rêver des siècles évanouis.

Il en sera de même de Versailles. Que ses murs s'écroulent, que les statues et les tableaux de son Musée disparaissent, que ses ombrages, ses fontaines et ses jardins soient engloutis dans le sol qui les porte, on ne cessera de visiter ses derniers vestiges et d'y évoquer les hommes illustres des fastes de la France.

Mais Versailles est encore debout, intact pour ainsi dire, quoique vide de la royauté. Ce n'est plus là que la force et le génie de la France habitent ; là ne sont que les images glorieuses, vaines ou touchantes d'une société disparue sans retour. Cette solitude du passé plaît et attire bien plus que si Versailles s'était repeuplé d'hôtes nouveaux.

Les voyageurs de toutes les parties du monde viennent visiter cette somptueuse demeure de nos anciens rois. Suivant leur âge, leur caractère, leurs passions et leurs croyances, ils y cherchent les souvenirs préférés des figures historiques : pour l'un, c'est Louis XIV dans sa gloire, entouré de sa cour, des poëtes, des guerriers, des artistes et des femmes qu'il a aimées ; de tout ce qui fit la renommée et la grâce de son règne ; pour d'autres, c'est Louis XVI, le roi aux intentions pures, préparant des réformes pour son peuple et se promenant avec Franklin dans les allées ombreuses du parc ; pour les femmes qui ont souffert et pleuré sur tous les deuils qu'apporte la vie, c'est mademoiselle de La Vallière, c'est madame Henriette d'Angleterre, c'est la reine Marie-Antoinette, glissant comme des ombres éplorées autour des bassins riants et des parterres en fleurs ; pour la jeunesse ardente, croyant au progrès des sociétés et se confiant dans la liberté, c'est Mirabeau tonnant dans la salle du Jeu de Paume et proclamant la Révolution française.

A Versailles, chaque bosquet est peuplé d'un souvenir, chaque chambre évoque une figure historique et sert de cadre à une scène héroïque ou émouvante.

Un magnifique ouvrage de gravures [1] a consacré et réuni depuis longtemps les grandeurs et les beautés de Versailles ; mais cet ouvrage, par son importance même, n'est à la portée que d'un petit nombre des voyageurs qui font le pèlerinage de Versailles. C'est ce qui nous a déterminés à publier un album photographique des principaux aspects du palais et des jardins. On ne peut nier que la photographie ne l'emporte sur le dessin et sur la gravure pour reproduire avec vérité et surprendre, pour ainsi dire, dans la vie et le mouvement, certains côtés de l'art et de la nature.

Aujourd'hui c'est seulement le Versailles extérieur que nous publions en vingt-quatre vues photographiques, accompagnées chacune d'un texte en vers inédits par madame Louise Colet. On n'a pas oublié qu'il y a quelques années, l'Académie française ayant choisi Versailles pour sujet du concours de son grand prix de poésie, madame Louise Colet l'emporta sur les cent concurrents qui prirent part à la lutte, et fut couronnée dans l'enceinte de l'Institut de France, où son poëme obtint l'honneur d'une lecture en séance publique. C'est par ce poëme, dans lequel Versailles semble revivre, et que l'auteur a bien voulu nous autoriser à reproduire, que nous ouvrons aujourd'hui notre publication, sans préjudice du texte en vers inédits dont nous avons parlé plus haut, qui sera joint à chaque photographie. Si ce premier album sur le Versailles extérieur, et que nous intitulons : *Pèlerinage à Versailles*, obtient la bienveillance du public, nous en ferons

1. *Les Galeries de Versailles,* par M. Gavard.

paraître immédiatement un second sur l'intérieur de Versailles, dont le texte, également en vers, nous a aussi été promis par un poëte aimé de la France, applaudi à Paris, et qui semble plus que tout autre le chantre inspiré de Versailles, dont il s'est fait l'hôte et dont il a compris toutes les splendeurs et toutes les séductions. Nous avons nommé M. Émile Deschamps.

CONDITIONS DE LA SOUSCRIPTION

Le *Pèlerinage à Versailles et Trianon* formera un magnifique Album de 24 planches avec légendes en vers composés spécialement pour cet ouvrage.

Cet Album sera publié en douze livraisons de deux planches chacune; la première livraison, par exception, contiendra le magnifique poëme de Mme Louise Colet, sur Versailles.

Les Éditeurs n'ont rien négligé pour rendre cet ouvrage digne de figurer dans les plus belles bibliothèques, tant par l'exécution des photographies que par le luxe de la typographie.

PRIX DE LA LIVRAISON : 4 FRANCS

Il paraîtra deux livraisons par mois à partir du 20 juillet 1861.

ON SOUSCRIT :

A VERSAILLES, chez les éditeurs MALET ET LEVASSEUR,
PHOTOGRAPHES

39, RUE DE LA PAROISSE

A PARIS

CHEZ DENTU, LIBRAIRE
Palais-Royal, 13 et 17, galerie d'Orléans;

A LA LIBRAIRIE NOUVELLE
Boulevard des Italiens, 15;

A LA LIBRAIRIE RICHELIEU
Rue Richelieu, 78;

CHEZ BOURGEOIS DE SOYE, LIBRAIRE
Rue Bonaparte, 18.

PARIS. — IMPRIMERIE DE J. CLAYE, RUE SAINT-BENOIT, 7.

PÈLERINAGE

A VERSAILLES ET TRIANON

SE TROUVE A PARIS

A LA LIBRAIRIE NOUVELLE
BOULEVARD DES ITALIENS, 15

DENTU, LIBRAIRE
PALAIS-ROYAL, 13 ET 17, GALERIE D'ORLEANS

BOURGEOIS DE SOYE, LIBRAIRE
RUE BONAPARTE, 15

A LA LIBRAIRIE RICHELIEU
RUE RICHELIEU, 78

PARIS. — IMPRIMERIE DE J. CLAYE, RUE SAINT-BENOIT, 7

PÈLERINAGE

A

VERSAILLES ET TRIANON

24 VUES PHOTOGRAPHIQUES

PAR

MALET ET LEVASSEUR

Texte en vers, par Mme Louise Colet

VERSAILLES

MALET ET LEVASSEUR, PHOTOGRAPHES

RUE DE LA PAROISSE, 39

1861

PÈLERINAGE A VERSAILLES

PRÉFACE

Les monuments survivent aux institutions qui les ont fondés; les temples mêmes sont plus durables que les religions auxquelles ils furent consacrés; mais ils gardent d'elles un prestige et des souvenirs qui, à leur tour, animent et repeuplent leur enceinte déserte. C'est ainsi que dans les temples vides de Pæstum le voyageur se souvient du culte des dieux disparus et croit voir encore, lorsque le jour meurt, les blanches théories des fêtes païennes se dérouler au bord de la mer sur le fond du ciel empourpré. A Rome, la ruine colossale du palais des Césars impose par sa grandeur matérielle, mais surtout par les ombres mémorables qui errent dans ses murs tombés. En les parcourant, on sent se dresser à chaque pas toutes les imposantes figures de l'histoire romaine : histoire de vertus, de splendeur, de crimes, de gloire, puis de décadence. Tant qu'une pierre restera debout de ces immenses décombres, on viendra s'asseoir là pour y rêver des siècles évanouis.

Il en sera de même de Versailles. Que ses murs s'écroulent, que les statues et les tableaux de son Musée disparaissent, que ses ombrages, ses fontaines et ses jardins soient engloutis dans le sol

2

qui les porte, on ne cessera de visiter ses derniers vestiges et d'y évoquer les hommes illustres des fastes de la France.

Mais Versailles est encore debout, intact pour ainsi dire, quoique vide de la royauté. Ce n'est plus là que la force et le génie de la France habitent; là ne sont que les images glorieuses, vaines ou touchantes d'une société disparue sans retour. Cette solitude du passé plaît et attire bien plus que si Versailles s'était repeuplé d'hôtes nouveaux.

Les voyageurs de toutes les parties du monde viennent visiter cette somptueuse demeure de nos anciens rois. Suivant leur âge, leur caractère, leurs passions et leurs croyances, ils y cherchent les souvenirs préférés des figures historiques : pour l'un, c'est Louis XIV dans sa gloire, entouré de sa cour, des poëtes, des guerriers, des artistes et des femmes qu'il a aimées; de tout ce qui fit la renommée et la grâce de son règne; pour d'autres, c'est Louis XVI, le roi aux intentions pures, préparant des réformes pour son peuple et se promenant avec Franklin dans les allées ombreuses du parc; pour les femmes qui ont souffert et pleuré sur tous les deuils qu'apporte la vie, c'est mademoiselle de La Vallière, c'est madame Henriette d'Angleterre, c'est la reine Marie-Antoinette, glissant comme des ombres éplorées autour des bassins riants et des parterres en fleurs; pour la jeunesse ardente, croyant au progrès des sociétés et se confiant dans la liberté, c'est Mirabeau tonnant dans la salle du Jeu de Paume et proclamant la Révolution française.

A Versailles, chaque bosquet est peuplé d'un souvenir, chaque chambre évoque une figure historique et sert de cadre à une scène héroïque ou émouvante.

Un magnifique ouvrage de gravures[1] a consacré et réuni depuis longtemps les grandeurs et les beautés de Versailles; mais cet ouvrage, par son importance même, n'est à la portée que d'un petit nombre des voyageurs qui font le pèlerinage de Versailles. C'est ce qui nous a déterminés à publier

1. *Les Galeries de Versailles*, par M. Gavard.

un album photographique des principaux aspects du palais et des jardins. On ne peut nier que la photographie ne l'emporte sur le dessin et sur la gravure pour reproduire avec vérité et surprendre, pour ainsi dire, dans la vie et le mouvement, certains côtés de l'art et de la nature.

Aujourd'hui c'est seulement le Versailles extérieur que nous publions en vingt-quatre vues photographiques, accompagnées chacune d'un texte en vers inédits par madame Louise Colet. On n'a pas oublié qu'il y a quelques années, l'Académie française ayant choisi Versailles pour sujet du concours de son grand prix de poésie, madame Louise Colet l'emporta sur les cent concurrents qui prirent part à la lutte, et fut couronnée dans l'enceinte de l'Institut de France, où son poëme obtint l'honneur d'une lecture en séance publique. C'est par ce poëme, dans lequel Versailles semble revivre, et que l'auteur a bien voulu nous autoriser à reproduire, que nous ouvrons aujourd'hui notre publication, sans préjudice du texte en vers inédits dont nous avons parlé plus haut, qui sera joint à chaque photographie. Si ce premier album sur le Versailles extérieur, et que nous intitulons : *Pèlerinage à Versailles,* obtient la bienveillance du public, nous en ferons paraître immédiatement un second sur l'intérieur de Versailles, dont le texte, également en vers, nous a aussi été promis par un poëte aimé de la France, applaudi à Paris, et qui semble plus que tout autre le chantre inspiré de Versailles, dont il s'est fait l'hôte et dont il a compris toutes les splendeurs et toutes les séductions. Nous avons nommé M. Émile Deschamps.

LES ÉDITEURS.

VERSAILLES

POÈME COURONNÉ PAR L'ACADÉMIE FRANÇAISE

Comme aujourd'hui les peuples luttent
Contre les rois qui leur disputent
La justice et la liberté,
Contre les seigneurs et les princes,
Tyrans des fiefs et des provinces,
Les rois longtemps avaient lutté;

Jusqu'au jour où, dans sa faiblesse,
On vit se courber la noblesse
Sous le bras fort de Richelieu,
Et la royauté, fière idole,
S'élever comme le symbole
Du pouvoir incarné de Dieu.

Louis Quatorze, roi suprême,
Se revêtit de cet emblème,
En s'écriant : « L'État, c'est moi !
« Et la France qui me contemple,
« Comme à Dieu l'on bâtit un temple,
« Doit bâtir un temple à son roi ! »

Il dit, et Versailles s'élève,
Ainsi que le palais d'un rêve
Réalisé par l'art humain;
Villa royale aux champs éclose,
Cygne qui près des eaux repose
Sous les grands arbres du chemin;

3

Monument magique et sublime
Où le marbre assoupli s'anime,
Où la mosaïque s'étend;
Où dans les glaces de Venise
Les chefs-d'œuvre qu'on divinise
Se doublent en se reflétant;

Où l'art prodigue sa féerie,
Où la peinture se marie
Aux frontons sculptés des parois;
Où l'or et l'émail étincellent,
Où les merveilles s'amoncellent
Pour orner le palais des rois.

Et quand elle a reçu la vie,
Ainsi qu'une vierge ravie
Qui se penche vers son miroir,
Versailles la belle se mire
Aux flots des bassins de porphyre
Qui se dérident pour la voir.

Comme un voile qui la protége,
Elle entoure son front de neige
Des ombres d'un vaste jardin,
Où les bois montent en arcades,

Où l'onde retombe en cascades,
Où l'art nous a rendu l'Éden.

Puis, ainsi qu'une heureuse épouse,
Qui, loin d'une foule jalouse,
Au bien-aimé seul se fait voir,
Devant son roi, la tête haute,
Elle s'écrie : « Entrez, mon hôte,
« Entrez, je puis vous recevoir. »

Qui dira les splendeurs de la nuit nuptiale
Où s'unit le monarque à sa villa royale!
Qui dira son orgueil et son ravissement
En embrassant de l'œil l'immense monument!
Comme un rayon d'amour fait vivre un cœur de femme,
Il fit vivre ce corps dont il devenait l'âme!...
Et, quand sa volonté l'eut tiré du néant,
D'un souffle il anima tout ce palais géant.
Il se sentit plus grand des grandeurs de Versailles,
Il se crut presque un dieu dans ces vastes murailles,
Et, seul de tant d'éclat le principe et le but,
Il vit ce qu'il pouvait, et la royauté fut!

Elle fut forte, elle fut belle,
Pleine de séve et de verdeur;

Proclamant sa gloire immortelle,
L'amour, le génie autour d'elle
Se pressèrent avec ardeur.

Son auréole fut complète;
Elle ceignit tous les lauriers :
Les arts couronnèrent sa tête;
Elle eut la palme du poète,
Elle eut la palme des guerriers.

Souveraine absolue et fière,
Courbant les fronts et les esprits,
Elle concentrait la lumière,
Et du fond de son sanctuaire
Commandait au peuple surpris.

Entre le peuple et la puissance
C'était le lien protecteur
Que ce foyer d'intelligence
Versant la gloire sur la France
Du haut du front dominateur.

Et le peuple écoutait l'oracle,
Heureux d'obéir à sa loi,
Fier de cette ère de miracle...

Ce fut un sublime spectacle
Que ce grand siècle du grand roi !

Versaille avait par sa féerie
Endormi le peuple au Forum;
Seul but de son idolâtrie,
Versaille était de la patrie
Le magique Palladium.

Et la France à genoux, dans sa foi populaire,
De son roi fit un dieu digne du sanctuaire.
Mais quand le peuple eut vu la vieillesse et la mort
Faire trembler le sceptre au bras jadis si fort,
Courber ce front superbe oint par Dieu du saint chrême,
Il douta de ses rois, et crut plus en lui-même.
Voyant mourir celui qui semblait immortel,
L'idole étant tombée, il mesura l'autel;
Il le trouva trop grand pour ceux qui succédèrent :
Le peuple devint fort, et les rois lui cédèrent!...
Mais lui-même il est pris de vertige et d'erreur;
La liberté n'est plus qu'une horrible terreur;
Reine sans diadème et femme désolée,
Entre des bras sanglants Versaille est violée...
Pour éviter le peuple et ses jaloux penchants,
Elle s'était cachée à l'écart, dans les champs...

Il vint, il la trouva sous son vêtement d'ombre ;
Elle entendit monter sa voix sinistre et sombre ;
Sous les traits d'une reine au front humilié,
Elle alla de ce peuple implorer la pitié ;
Mais lui, la repoussant, se répandit, avide,
Dans l'immense palais qu'il laissa morne et vide.

Comme on ne peut remplir le lit
D'un fleuve à la source épuisée,
Depuis ce jour rien ne remplit
Ce temple à l'idole brisée.

Des ombres erraient en pleurant,
La nuit, dans les salles désertes,
Et les portes restaient ouvertes,
Attendant un hôte assez grand.

Aucune tête couronnée,
Aucun tribun, dans son orgueil,
De la demeure profanée
N'osait inaugurer le seuil.

Quand il ceignit le diadème
Que Charlemagne avait porté,
Du temple des rois dévasté

Napoléon n'osa lui-même
Devenir la divinité.

Mais on vit, aux trois jours de gloire et de colère,
La France proclamer un prince populaire :
Roi par nos mains, il sut, mieux que les autres rois,
Quels hôtes convenaient pour repeupler Versaille ;
Il comprit qu'il fallait des héros à la taille
De ces murs de géant, et fit un noble choix.

Jusqu'à nous, d'âge en âge explorant nos annales,
Il sut vous découvrir, gloires nationales !
Il prit ce qui fut grand dans chaque siècle éteint ;
De tous nos héros morts nous rendant l'effigie,
L'art vint à sa pensée ajouter sa magie :
Il fit justice à tous, et le peuple l'obtint !

Dans ce palais le peuple eut une large place :
En égal désormais il put voir face à face
Ces rois que si longtemps il regarda d'en bas ;
Car il avait aussi ses gloires,
Ses triomphes et ses victoires
Dans les arts et dans les combats.

Aussi ce fut un jour de fête universelle

Que le jour où s'ouvrit la Versailles nouvelle;
Quand, pour inaugurer sa résurrection,
La foule se pressa, fière, heureuse, attendrie.
Elle applaudit le trône en fêtant la patrie,
Car le monarque avait compris la nation !

Louis Quatorze, au temps d'ivresse
Des grandes fêtes de sa cour,
N'eut jamais un jour d'allégresse
Qui fût comparable à ce jour.

L'éclat de sa magnificence
Était pour lui seul... mais ici,
Oh ! c'était bien toute la France
Qui disait à son roi : « Merci ! »

« Merci ! » dans leur brève parole,
S'écriaient ces fiers vétérans
Que Bonaparte, au pont d'Arcole,
Vit s'élancer aux premiers rangs ;

« Merci d'avoir mis sur ces toiles
Notre chef et nos bataillons !
Il fut l'astre, et nous les étoiles :
A côté de lui nous brillons ! »

Et le marin, l'âme attendrie,
Disait : « Merci ! voilà Jean Bart !
Dans les gloires de la patrie
Nous avons aussi notre part ! »

En s'inclinant devant la toge
Des d'Aguesseau, des Lamoignon,
« Merci ! » répétait pour éloge
Le magistrat, fier de leur nom.

« Merci ! s'écriait le poète,
Corneille et Molière sont là...
Et, si leur laurier ceint ma tête,
L'avenir un jour m'y verra ! »

Et l'orateur, d'une voix forte,
Disait : « Merci !... Ce sera beau
D'inscrire le nom que je porte
Près du grand nom de Mirabeau ! »

« Merci ! répétait chaque artiste,
La gloire sauve de l'oubli,
Et, dans cette fête où j'assiste,
Sont Lebrun, Puget et Lulli ! »

Devant La Vallière et Fontange,
La jeune femme, d'un regard,
Disait : « Merci! leurs formes d'ange
Nous furent transmises par l'art ;

« Oh ! ces morts n'ont rien de funèbre
Je voudrais une tombe ici !
Puisque la beauté rend célèbre,
Je puis le devenir aussi. »

Et la foule, enivrée, ardente, enthousiaste,
Débordait frémissante en ce palais si vaste,
L'enlaçait tout entier de ses réseaux mouvants,
Et, semblable à la mer, roulait ses flots vivants ;
Elle se répandait dans chaque galerie,
Redisant les grands noms que garde la patrie,
Voyant revivre encor les héros qu'elle aima
Sur la toile et le marbre où l'art les ranima.
Devant tous ces tableaux de gloire et de conquêtes
S'agitait le roulis de ces milliers de têtes ;
Et toujours les regards trouvaient un aliment,
Et la foule avançait dans le ravissement.
Mais, quand elle parvint au milieu de ces reines,
Belles sur leur cercueil et dans la mort sereines,
Le respect suspendit l'universel transport,

Et chacun s'arrêta par un muet accord.
Là, parmi les héros dont elle est entourée,
Pensive, apparaissait cette vierge inspirée
Qui ravit la victoire à l'Anglais triomphant,
Et délivra la France avec un bras d'enfant.

C'était une blanche statue,
Vierge guerrière revêtue
De l'armure des anciens rois ;
Fille pudique au front céleste,
A l'œil fier, au souris modeste,
Femme, héros tout à la fois !

Il fallait plus qu'un grand artiste
Pour la rendre ainsi calme et triste,
Accomplissant l'ordre de Dieu ;
Il fallait l'art et la croyance :
L'âme d'une fille de France
A réuni ce double feu ;

Et de ses mains s'est échappée
Jeanne d'Arc, pressant son épée
Sur son cœur virginal et fort,
Qui sous la voix de Dieu tressaille,
Mais qui sait, au champ de bataille,

Intrépide, braver la mort.

Celle qui nous rendit, sous cette forme pure,
Le symbole divin d'une double nature,
De force et de candeur mélange harmonieux,
Hélas! ange exilé, poétique mystère,
Toucha du bout de l'aile aux choses de la terre,
          Et s'en revint aux cieux!

On dit que dans son vol, ainsi qu'une colombe,
Son âme erre la nuit parmi ces marbres blancs,
Et que, pour l'escorter, se levant de leur tombe,
Les reines, nobles sœurs, la suivent à pas lents;
Elle s'arrête au fond de cette galerie
Où veille Jeanne d'Arc avec recueillement,
Et l'on entend alors comme une ombre qui prie
          Répéter faiblement :

« O mon œuvre d'amour! ô ma sœur bien-aimée!
Mon cœur te devina quand mes mains t'ont formée!
J'ai su te reconnaître en approchant des cieux ;
Tu te penchais vers moi pour calmer ma souffrance,
Et ta voix me disait, quand je pleurais la France :
Viens, on retrouve ici ce qu'on aima le mieux ! »

Et la vierge guerrière, agitant son armure,
Se penche et lui répond par un pieux murmure ;
Et la fille des rois, dans son ravissement,
Entoure de ses bras cette image chérie,
Et de son blanc linceul forme une draperie
          A leur groupe charmant.

Puis, tour à tour, glissent près d'elles
Toutes ces ombres immortelles
Qui se réveillent chaque nuit ;
Et dans Versailles qui s'anime
Commence une fête sublime
Dont nul vivant n'entend le bruit.

Sortant radieux des ténèbres,
Ceux qui furent grands et célèbres
Dans tous les temps, dans tous les lieux,
A cette heure qui les rassemble
Viennent s'entretenir ensemble
De leurs souvenirs glorieux.

Ils parlent la langue immortelle
Qu'un monde inconnu nous révèle
Lorsqu'à la vie on dit adieu ;
Parole où la pensée est reine,

Que jamais nulle oreille humaine
N'entendit, et qui vient de Dieu.

Dans cette langue, tout mystère
Qui resta voilé sur la terre
Éclate, lucide et profond ;
Et, par ce verbe prononcée,
La plus insondable pensée
Est une eau dont on voit le fond.

Du sentiment et du génie,
Pour eux la source est infinie ;
Ils jouissent, nous pressentons !...
Et, pour leur nature d'élite,
L'intelligence est sans limite :
Ils savent, et nous, nous doutons !...

Amour, gloire, fécondes flammes,
Baptême où s'épurent les âmes
Durant leur exil douloureux,
Tous ces grands rêves d'une vie
Qui s'éteignit inassouvie,
Ils les réalisent entre eux.

Mais, à nous qui plions sous le travail de vivre,

Pourquoi Dieu cacha-t-il le verbe de ce livre ?
Pourquoi n'avons-nous pas de ces fêtes du cœur,
Où ceux que nous aimons comprennent toute chose,
Où l'âme unie à l'âme avec foi se repose ?
Hélas ! pourquoi du bien le mal est-il vainqueur ?

C'est qu'en ces sphères de merveilles
Avant que nous puissions errer,
Il faut nous briser dans les veilles,
Il faut souffrir, il faut pleurer !

Il faut que l'âme se retrempe
Dans le malheur, et que le sang
Soit l'huile qui brûle à la lampe
Que cache en soi l'être pensant.

Il faut que la pauvreté creuse
Notre poitrine, et que nos fronts
Portent l'empreinte douloureuse
De tous les maux que nous souffrons !

Il faut que dans la solitude
Nos pleurs viennent nous assouvir,
Car la gloire est un sentier rude
Que, triste et seul, on doit gravir,

Alors, peut-être, après la couronne d'épine
Resplendira pour nous l'auréole divine :
Quand nous reposerons enfin dans le cercueil,
Peut-être obtiendrons-nous, parmi ces grandes ombres,
Une heure radieuse après nos heures sombres,
Une heure où nos douleurs deviendront de l'orgueil!

Courage donc, jeunes athlètes !
A la foudre exposons nos têtes!
De morts obscurs se souvient-on ?
Il faut d'illustres funérailles
Pour avoir sa place à Versailles :
Versailles, c'est le Panthéon !

LOUISE COLET.

PARIS. — IMPRIMERIE DE J. CLAYE, RUE SAINT-BENOIT, 7

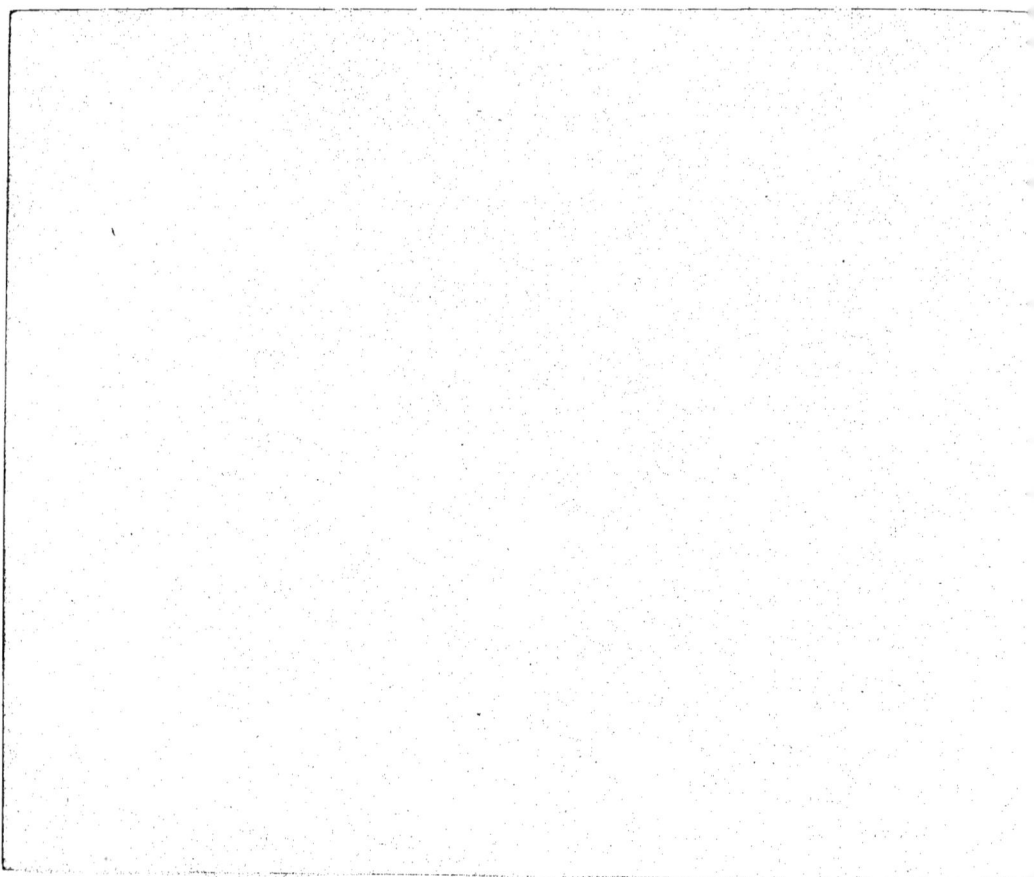

BOSQUET DE PROSERPINE

Oh! ne regardons pas Proserpine et Pluton ;
C'est un vieux ravisseur dont l'amour déshonore.
Ces marbres en arceaux, ces bois que l'été dore,
Du temple d'un dieu vrai sont le riant fronton.
Oui, le sincère amour doit exister encore,
  Car, sans lui, comment vivrait-on ?

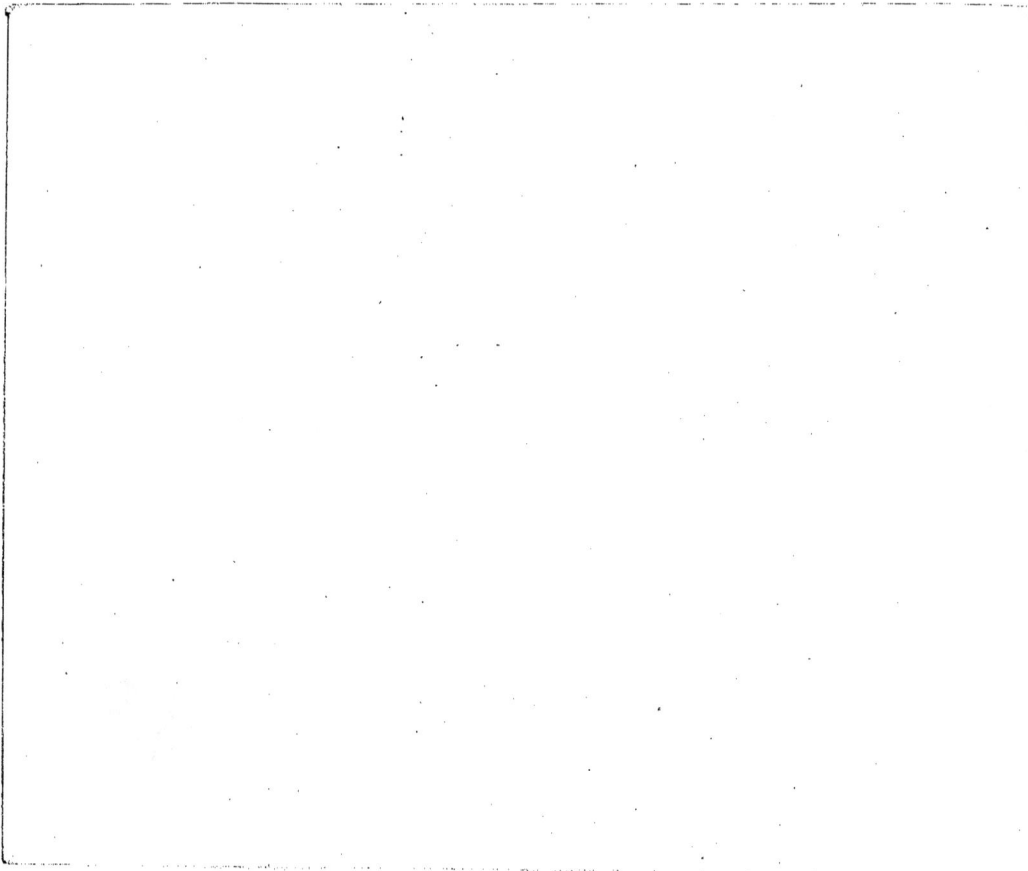

LES BAINS DE DIANE

Le palais dort, aux bois dorment les brises ;
On sent dans l'air la pesanteur des cieux,
Et l'on s'oublie au bain mystérieux,
Où les amours sur les marbres des frises
Suivent Diane et ses nymphes surprises,
Chastes, montrant la nudité des dieux.

COUR DU CHATEAU

Gardien de son palais sublime,
Le grand roi, comme un sphinx rêvant,
Des siècles mesure l'abîme
Et voit que tout est décevant.

BASSIN D'APOLLON

Flots clairs, marbres, gazons, fleurs, rayons de verdure,

De Grèce ou d'Italie on croit voir un vallon.

On y rêve l'amour, la beauté, la nature,

Et l'on va chevauchant les coursiers d'Apollon.

MALET & LEVASSEUR, Phot.   39, Rue de la Paroisse, à Versailles

GRANDE PIÈCE DE NEPTUNE

Ce soir, si sur ces bords que nacrera la lune,

Passa une jeune fille au corps suave et fin,

Lourds paraîtront les dieux du bassin de Neptune

Et vieux ce bel Amour agaçant un dauphin.

MALET & LEVASSEUR Phot   39, Rue de la Paroisse à Versailles

MALEY & LEVASSEUR Phot   39, Rue de la Paroisse à Versailles

PÈLERINAGE

À

VERSAILLES ET TRIANON

La traduction et la reproduction sont réservées.

CONDITIONS DE LA SOUSCRIPTION

Le Pèlerinage à Versailles et Trianon formera un magnifique Album de 24 planches avec légendes en vers composés spécialement pour cet ouvrage.

Cet Album sera publié en douze livraisons de deux planches chacune ; la première livraison, par exception, contiendra le magnifique poëme de Mᵐᵉ Louise Colet, sur Versailles.

Les Éditeurs n'ont rien négligé pour rendre cet ouvrage digne de figurer dans les plus belles bibliothèques, tant par l'exécution des photographies que par le luxe de la typographie.

PRIX DE LA LIVRAISON : 4 FRANCS

Il paraîtra deux livraisons par mois à partir du 20 juillet 1861.

ON SOUSCRIT :

À Versailles, chez les éditeurs MALET et LEVASSEUR, Photographes, 39, rue de la Paroisse.

À PARIS

À LA LIBRAIRIE NOUVELLE, boulevard des Italiens, 15 ;
Chez DENTU, libraire, Palais-Royal, 13 et 17, galerie d'Orléans ;

À LA LIBRAIRIE RICHELIEU, rue Richelieu, 78 ;
Chez BOURGEOIS DE SOYE, libraire, rue Bonaparte, 18.

PARIS. — IMPRIMERIE DE J. CLAYE, RUE SAINT-BENOIT, 7

www.ingramcontent.com/pod-product-compliance
Lightning Source LLC
Chambersburg PA
CBHW070920210326
41521CB00010B/2256